AF226743

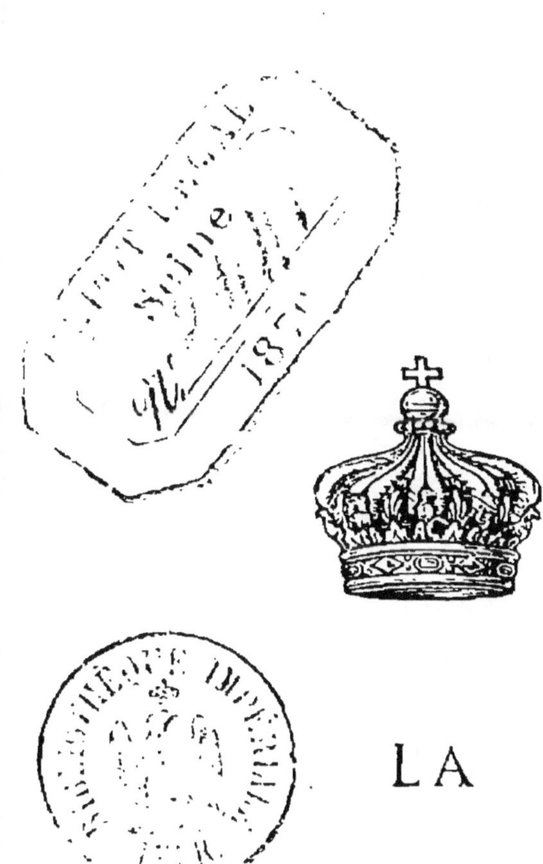

LA

PRINCESSE FÉLICIE

OPINION DES JOURNAUX

SUR

LA PRINCESSE FÉLICIE

LA

PRINCESSE FÉLICIE

***

Le Lieu de sa Naissance.

En quittant Marseille, la huitième station que l'on trouve sur le chemin de fer de Nice s'appelle la Ciotat.

C'est à deux kilomètres de cette ville maritime de la Provence, sur un coteau ombragé d'oliviers, que l'on rencontre la modeste habitation où est née la princesse Félicie.

Ce lieu est depuis lors devenu célèbre, et plus d'un touriste a voulu le visiter.

Prochainement même, une colonne de marbre, que l'on verra très-distinctement du chemin de f.r, indiquera aux voyageurs le berceau de la très-minuscul princesse.

Phénomène.

La princesse Félicie a eu le rare privilége, comme Louis XIV, de naître avec des dents.

Le roi-soleil naquit avec deux incisives; la très-petite princesse est venue au monde avec deux molaires.

Son Nom.

Félicie Fabry est le véritable nom de

cette merveille microscopique qui a fait courir tout Paris, et que l'on admire encore chaque soir au Cirque Napoléon.

Son Age.

Elle a six ans et demi; à deux ans, elle tetait encore; mais à dix-sept mois elle avait commencé à marcher.

Sa Taille.

A sa naissance, sa taille ne dépassait pas 30 centimètres.

La petite vérole qu'elle eut à l'âge d'un an ne la fit pas grandir (1).

La maladie n'eut aucune prise sur son étrange constitution.

(1) On sait que la plupart des maladies sérieuses produisent ce phénomène.

Aujourd'hui, sa taille est de 50 centimètres ; elle n'a donc grandi que de 20 centimètres depuis sa naissance.

Son Poids.

Tout habillée, elle ne pèse que trois kilogrammes.

Son Portrait.

Elle a la tête petite, le front un peu fuyant, le cerveau bien développé, les cheveux fins et d'un roux très-clair, le nez très-aquilin de sa mère et comme elle le teint brun et chaud des Méridionales.

Son Langage.

Elle parle le patois provençal, la langue de son pays.

Elle n'articule que quelques mots français, qu'elle commence à comprendre.

Son expression favorite est : *A demain.*

Ses Habitudes, Son Caractère.

Félicie mange, boit et digère comme un oiseau.

Son sommeil est assez paisible, bien qu'elle soit d'une nature nerveuse et irritable.

Elle aime beaucoup le mouvement, le bruit, la musique.

Aux sons des instruments, elle marche parfaitement en mesure, en cadençant le pas.

Elle sautille, danse et court à peu près comme un lapin.

Sa physionomie est très-mobile et ex-
prime bien les diverses sensations qu'elle
éprouve.

Quand on lui donne un livre, Félicie devient sérieuse comme une grande personne; alors elle est prise d'une belle
passion pour la lecture.

Elle passe avec la même facilité de la
joie à la tristesse.

Son cœur est fort sensible; elle remarque immédiatement l'absence de ceux
qu'elle aime et qu'elle est habituée à voir;
aussi les appelle-t-elle bien vite.

Elle est très-indépendante de caractère.
Elle ne veut pas qu'on la touche et encore
moins qu'on la prenne; — on dirait qu'elle
craint qu'on ne la brise.

On ne peut s'imaginer sa pruderie; elle
devient furieuse et méchante, si l'on se
permet de relever un tant soit peu sa petite robe; puis quand on est à distance,

elle tire la langue et envoie…. des pieds
de nez.

Sa Famille.

Son père a cinquante-huit ans et sa
mère trente-six.

Ils sont grands et robustes. Ils ont eu
quatre enfants avant Félicie, deux gar-
çons et deux filles; tous sont de bonne
taille; l'aîné a quinze ans.

Le père et la mère Fabry, bons et hon-
nêtes cultivateurs, étaient désolés d'avoir
donné le jour à un petit être aussi dégé-
néré. La pauvre petite Félicie était prise
en pitié dans les campagnes de la Provence où l'on regardait sa naissance comme un véritable malheur.

M. DE LA FLÉCHELLE.

L'opinion générale sur la petite Félicie n'était point partagée par M. de la Fléchelle, qui habitait à peu de distance de la Ciotat.

La première fois qu'il la vit, il devina de suite tout le parti que l'on pouvait tirer d'un semblable prodige.

Il proposa au père et à la mère de quitter le pays et d'aller à Paris pour exhiber leur merveilleux enfant.

Ils ne voulurent pas y consentir.

Il fallut plus de deux ans pour les y décider.

Enfin, au mois de juin 1869, M. de la Fléchelle fit si bien que le départ fut arrêté.

Intelligent, actif, homme du monde,

M. de la Fléchelle se chargea de tout et contribua puissamment au succès de la princesse Félicie.

Son Exhibition.

M. de la Fléchelle voulut que la première visite de Félicie fût pour la famille impériale.

LL. MM. l'Empereur et l'Impératrice reçurent la petite naine avec une grande bonté. S. A. I. le Prince Impérial daigna même jouer avec Félicie, qui resta une heure et demie aux Tuileries.

Quelque temps après Félicie fut mandée à Saint-Cloud pour la fête des demoiselles de Saint-Denis. Son succès fut prodigieux. On la mit sur la table, mais elle disparut.... On la trouva au milieu des bouquets et des vases chargés de fleurs

La réputation de la princesse Félicie se fit comme par enchantement.

Tout Paris voulut la voir.

Les jours n'étaient pas assez longs pour les réceptions particulières, et chaque soir une foule immense se pressait au Cirque de l'Impératrice pour la contempler.

M. Dejean avait eu l'heureuse idée de l'engager pour plusieurs mois.

C'était à la fin du spectacle que la princesse Félicie faisait son apparition dans la salle.

Au cou de sa mère, on eût dit une poupée vivante.

Debout sur le tapis, au milieu du Cirque, l'illusion était encore plus frappante.

Après avoir envoyé des baisers au public avec sa main microscopique, Félicie commençait, au son de la musique, sa promenade circulaire sur un petit plancher placé tout exprès sur le rebord. de la balustrade.

Dire l'enthousiasme de la salle à la vue de ce prodige infiniment petit serait impossible.

C'était à qui descendrait pour la toucher, l'embrasser; les enfants surtout ne se sentaient pas de joie!...

Que de cadeaux! que de bonbons! que d'oranges! malheureusement Félicie ne pouvait tout prendre.... Sa main est si petite !

L'éducation de Félicie va tous les jours en se complétant.

On la laisse seule maintenant sur le tapis au milieu du cirque.

Là elle s'enlève sur la pointe du pied comme une danseuse de l'Opéra; elle prend sa petite robe de ses deux mains, puis elle fait la révérence au public.

Ensuite elle court après sa mère, qui

l'enlève comme une plume et la dépose sur son petit plancher.

Alors la promenade circulaire commence.

LE GAULOIS.

24 juin 1869.

J'en suis encore étourdi !

Pendant une heure et demie je l'ai te-nue sur mes genoux, je l'ai embrassée, j'ai causé ou plutôt j'ai essayé de causer avec elle, car je ne comprends pas la lan-gue qui lui est familière ; je l'ai tournée et retournée tremblant à chaque instant de la voir se briser entre mes mains.

Jamais phénomène semblable n'a exis-té ; je ne parle pas même du présent ; mais l'histoire de tous les temps et de tous les pays ne m'a rien appris qui lui fût comparable.

C'est plus qu'un phénomène c'est une merveille, une merveille de la nature, plus capricieuse que la plus jolie de toutes les femmes.

Aujourd'hui vingt personnes la connaissent à peine à Paris.

Demain elle en sera la reine, la coqueluche, si l'on préfère ; Les Anglais, disaient que jamais *attraction* ne fut plus sérieuse, plus étonnante, plus invraisemblable, plus fabuleuse....

Vrai j'en suis presque amoureux....

— De qui, à la fin ?

— De la Princesse Félicie, du petit amour, de la *petite fée*, pour parler encore plus exactement.

Elle est arrivé avant hier à Paris ; par suite de circonstances que je dirai plus loin, sa première visite a été pour Nadar.

Une seconde suffit pour enthousiasmer Nadar ; ce grand curieux, épris de l'inconnu et du bizarre, est encore plus inflammable que moi.

Il se sauva avec la petite fée et courut chez Jubinal le plus député des collectionneurs, — ou le plus collectionneur des députés — Il avait son idée, allez, ce découvreur de mondes inconnus.

Il se souvenait d'avoir vu chez Jubinal une statue de Bébé, le nain du roi de Pologne, statue en faïence de grandeur naturelle, et il voulait comparer son nouveau trésor avec la statue.

La statue a deux centimètres de plus que la princesse Félicie, Victoire ! La petite fée, c'est aussi le nom qu'on lui donne dans l'intimité, est donc le plus petit de tous les êtres humains qui aient existé c'est une vraie découverte, c'est un miracle.

Il fallait la voir chez Jubinal faisant la coquette avec la statue de Bébé qu'elle regardait comme un petit mari fait pour elle, c'était à mourir de rire.

Puis on apporta une poupée plus grande qu'elle, d'une tête au moins. Tout alla bien jusqu'au moment où on mit la clef dans le ressort et ou la poupée se mit — avec son ton solennel — à crier : Papa.... papa....

Elle se jeta dans les bras de sa mère en criant : *aï poou ! maire, aï poou....* J'ai peur maman, j'ai peur !

Sorti de chez Jubinal, Nadar envoya sa protégée, munie d'une lettre, chez Mme de Metternich.

Au bout de quelques instants, la princesse disait à la petite fée de rentrer chez

elle et d'attendre jusqu'au soir sans sortir.
Au bout d'une demi heure, une ordonnance arrivait au triple galop et apprenait à la princesse Félicie que, sur la demande de sa *confrère* la princesse de Metternich, l'Impératrice voulait voir la petite fée.

Sa toilette ne fut pas longue à faire. Une couturière de poupées, qui avait été appelée dès la veille, avait choisi les toilettes les plus élégantes de toutes celles inventées pour les cocodettes de carton.

Une robe blanche, un gros ruban bleu, un toquet et tout était dit.

Arrivée devant l'impératrice, la *princesse* eut un succès fabuleux; elle resta avec la Souveraine une heure et demie montre en main et l'Impératrice se chargea elle-même de la présenter aux dames de service.

Ce fut toute une révolution dans le Pa-

lais et l'Impératrice déclara qu'elle ne voulait que la *princesse* fut présentée à personne avant d'avoir été reçue par l'Empereur et par le Prince Impérial.

L'audience finie, la princesse Félicie
rentra chez elle, d'où elle n'est plus sor-
tie qu'aujourd'hui pour aller remercier
son premier protecteur Nadar et poser
devant son objectif. C'est là que je l'ai
vue et que j'en suis tombé amoureux.

Elle a six ans tout au moins et ne grandit plus depuis une année environ ; elle
passe sous le bras étendu d'un enfant de
deux ans de taille ordinaire.

Elle est vive, agile, babille le provençal comme un vieux marin ; à la voir
sautiller, on jurerait regarder un pierrot
plein de vie et de gaieté.

De son vrai nom, elle s'appelle Félicie Fabry.

Je dirais que la Ciotat la vit naître, si le jour de sa naissance, quelqu'un avait pu la voir sans l'aide du Microscope.

Elle a quatre frères et sœurs, tous bien bâtis et solides paysans. On lui a fait mener la vraie vie des champs, courant au soleil nu tête et à peine vêtue.

Un jour elle se perdit dans un champ de fèves et comme, par taquinerie, elle ne répondait pas aux cris de ceux qui la cherchaient, on fut plusieurs heures avant de la retrouver, plantée tout debout sur ses deux jambes, arrivant à peine à la moitié de la hauteur des légumes qui la cachaient.

Des médecins venaient la voir de Toulon, de Marseille ; elle avait dans toute la Provence une sorte de petite notoriété, et l'on demandait quelquefois comment il se pouvait faire que personne ne se fût e-core emparé de cette mine d'or.

Souvent des offres furent faites aux parents afin qu'ils cédassent leur enfant, offres considérables qui pourraient se chiffrer par plus de cent mille francs chacune.

Mais les parents s'étaient entendus déjà avec un habitant du voisinage, un vrai Provençal aussi, et il était entendu que le jour où la petite fée aurait six ans, on commencerait à courir le monde.

A l'heure fixée on alla chez un notaire et on dressa un acte qui règle les droits des parents et ceux du voisin, M. de la Fléchelle.

C'est ce M. de la Fléchelle qui a présenté la petite fée à la Cour accompagnée de Mme sa mère en costume provençal.

Vous verrez que d'ici à peu de temps

la princesse fera courir tout Paris, bien
plus encore que Tom Pouce, qui à côté
d'elle ressemblerait au tambour major du
régiment des zouaves.

JOE TREZEL.

LE PETIT MONITEUR UNIVERSEL.

26 juin 1869.

Notre vieil ami Nadar, le capitaine du ballon *le Géant*, l'auteur de *Quand j'étais Étudiant*, le dessinateur de ce fameux Panthéon qui groupait sur une même page deux cents primes de l'écritoire, le photographe qui fait faire au soleil tout ce qu'il lui plaît.... Nadar a reçu avant-hier une visite.

« Que voulez-vous? demanda-t-il à l'étranger qui sollicitait son aide.

— Je veux un portrait...; mais avant de le demander, je voudrais savoir ce qu'il me coûtera.

— Est-ce pour un monsieur ou pour une dame?

— C'est pour une demoiselle.

— Grande.

— Haute de quarante-six centimètres.

— C'est donc une poupée habillée que vous venez me faire reproduire?

— Non, c'est une princesse... la princesse Félicie.

— Elle vit?

— Comme vous et moi.

— Elle parle?

— Comme un avocat...

— Elle pèse?

— Trois kilogrammes tout habillée.

— Vous ne vous moquez pas de moi?

— A preuve que j'ai le mignon original en bas dans ma voiture.

— Allez me le chercher, s'écria Nadar, nous nous entendrons toujours bien pour

les droits de reproduction de cette miniature vivante... »

Le visiteur alla chercher la princesse
qui dormait dans un coin...

Elle se réveilla.

Elle regarda avec une intelligente curiosité les portraits nombreux qui décoraient
l'atelier de l'aéronaute-écrivain-dessina-
teur-photographe.

Et une heure après, Nadar donnait à la
petite fille une lettre pour le directeur du
Petit Moniteur.

Je n'avais pas vu la petite naine..., son
cicérone (il faut toujours un mentor à une
demoiselle dans cette grande ville de
Paris), son introducteur M. de la Fléchelle l'a amenée hier matin.

Comme elle jouait sur le tapis de mon

salon, un littérateur aspirant de la Société des gens de lettres et dont j'ai l'honneur d'être le rapporteur, la cogna quelque peu avec sa main, en passant.

« Prenez donc garde, mon cher confrère, lui dis-je, vous allez renverser cette enfant.

— Une enfant ! s'écria-t-il avec surprise, je croyais que vous vous amusiez avec... une poupée à ressorts !

La princesse Félicie se nomme en réalité Félicie Fabry.

Elle est née de bons cultivateurs de la Ciotat.

Elle a été précédée par quatre enfants ses frères et sœurs, qui sont de taille élevée et de complexion robuste.

Quand elle vint au monde, elle avait déjà battu Louis XIV...

Il naquit avec deux incisives... Félicie est venue au monde avec deux molaires.

A neuf mois Félicie était haute à peine de quelques centimètres.

Sa petitesse la faisait prendre en pitié dans les campagnes de la Provence où l'on estime surtout... les enfants *lourds*...

Elle pouvait être dédaignée par ses parents honteux de cette apparente dégénérescence de leur race.

Un voisin de campagne, M. de la Fléchelle, alla voir la petite Provençale et dit à ses parents :

« Gardez-vous de mépriser cette dernière née... elle vous rapportera plus qu'une distillerie d'essence de rose à Grasse ou une savonnerie à Marseille... Élevez-la avec un soin extrême, nourrissez-la avec une sollicitude infinie, non-seulement parce qu'elle est petite et ré-

clame une double part de sollicitude...
mais aussi parce qu'elle représente pour
vous... une fortune à venir...

On donna donc à Félicie le sein mater-
nel... pendant deux ans...

On lui laissa, dès qu'elle put marcher,
ce qui n'arriva qu'à sa troisième année,
cette liberté des campagnes, si favorable
aux enfants de tous les pays...

Un soir elle causa bien de l'inquiétude
à ses parents.

On la perdit dans un champ de fèves.

Et on n'osa pas chercher trop vivement
de peur de marcher sur la fugitive...

A l'église, elle paraissait moitié plus
petite que le pain bénit... dont on lui
donnait la première part.

Quand elle eut six ans révolus et quarante-six centimètres de taille, on lui an-
nonça qu'elle allait partir pour Paris.

Elle y est arrivée lundi dernier et elle

a déjà été reçue, sur la présentation de Mme de Metternich, par Sa Majesté l'Impératrice Eugénie.

Entre princesses... on se doit ces bons offices.

La princesse Félicie ne fait pas la toilette des autres... on fait la sienne.

Elle m'est venue voir avec une toilette de soie blanche et bleue, cousue par la première couturière... des poupées de Paris.

Ses souliers sont des miracles, ses pieds lilliputiens font rêver... il y a des fossettes dans ses bras... il y a de petites niches d'amour dans ses mains... miraculeuses de petit format.

Il n'y a pas un défaut dans ce petit corps qui ne grandira peut-être pas...

La princesse rit, cause, joue, chante, court... en toute liberté et en toute gaieté.

Elle dort comme une grande personne et mange comme un moineau.

Son cicérone dans Paris, M. de la Fléchelle, a dû la faire assurer sur la vie à plusieurs compagnies qui ne feront pas une mauvaise affaire, car elle se porte comme un charme...

Et en dehors des visites qu'elle est appelée à recevoir, je crois savoir qu'elle est engagée au cirque Napoléon, où on la mettra sur un plat de porcelaine chinoise pour la passer aux spectateurs... »

Timothée Trimm.

LE PETIT JOURNAL.

3 juillet 1869.

« ... Hier soir, au cirque de l'Impératrice a été présentée pour la première fois en public, la *princesse Félicie*, qui est bien la naine la plus petite qui ait été vue.

Elle est née à la Ciotat (Bouches-du-Rhône); sa taille est de quarante-huit centimètres, elle pèse trois kilogrammes, elle a six ans, sa santé est excellente, elle est très-vive et fort gentille.

La princesse Félicie a eu un très-grand succès de curiosité... »

LA PRESSE.

4 juillet 1869.

Il vient d'arriver à Paris, et l'on offre à la curiosité publique tous les soirs, dans un de nos théâtres un *phénomène étrange*. C'est une enfant de six ans surnommée la princesse Félicie, et qui appartient à un paysan de la Ciotat. Réduction de l'espèce humaine, elle n'a pas cinquante centimètres de hauteur, et d'après toutes les probabilités elle ne grandira pas beaucoup. Ce n'est pas une naine, car elle n'a aucune partie de son corps contrefaite ; tous ses membres sont bien conformés ; c'est une miniature ; ses pieds sont imperceptibles; sa chaussure est grande comme le pouce d'un gant, et sa main a la dimension de celle des poupées en étalage dans les magasins de jouets.

Elle est vive et gaie, elle court comme un petit lapin, montre de la sympathie ou de l'éloignement pour certaines personnes et ouvre à l'observateur un vaste champ de réflexions et d'impressions. On ressent une curiosité mêlée de tristesse à voir et à examiner ce petit être fluet et mince, qui est le produit d'un hasard ou d'une bizarrerie fantasque de la nature.

Elle a été présentée à l'Empereur, à l'Impératrice, à la princesse Mathilde, à Mme de Metternich, à Mme de Galliffet, et toutes les grandes dames se sont amusées à la petite fille avec cette poupée vivante, que l'on croirait mise en mouvement par des ressorts cachés.

Ce petit être si rare connaît la curicsité des Parisiens, elle attend leur visite au cirque de l'Impératrice.

LA COMÉDIE.

4 juillet 1869.

« .... Le directeur du cirque a bien mérité du public et de ses actionnaires : il a mis la main sur une merveille naturelle, une mignonne réduction humaine surnommée la « princesse Félicie » devant laquelle tout Paris sédentaire et flottant s'extasiera pendant la saison d'été en attendant la rentrée de Paris-Touriste qui courra, cet hiver, au cirque Napoléon.

« .... Comme Bébé, Félicie Fabry est née au village. Elle est Provençale, âgée de six ans et fille de paysans dont les autres enfants bien constitués ont la taille ordinaire. Il paraît que Félicie a cessé de grandir depuis longtemps déjà. Lorsque cette petite créature entre dans la piste ; portée par sa mère, on croirait voir une poupée blonde ; quand elle est posée à terre l'illusion continue. Mais elle se met à trotter, à courir, pour suivre les pas modérés de son guide ; elle fait le tour de l'arène sur un chemin construit exprès pour elle et ses allures craintives, ses cris d'émoi, ses yeux étonnés par la lumière et la foule, ses bras agités vers tout le monde penché sur elle, rompent le charme. On a bien devant soi une fillette d'un demi-mètre de haut, bien proportionnée (sauf le nez assez long), à la chevelure bouclée et à la voix qui rappelle celle de la princesse « Camion » du conte des fées. Maintenant son intelligence a-t-elle cessé de se développer ? Il faudrait plus qu'un examen oculaire pour s'en assurer. Souhaitons que l'esprit grandisse et se manifeste, de manière à ce que la petite merveille ensorcelle doublement son monde.

« Tout devait s'effacer, ce soir-là, devant la princesse Félicie.... »

UN NAIN CONNU.

L'EUROPE ARTISTE.

4 juillet 1869.

CɪʀQUE ᴅᴇ ʟ'IᴍᴘÉʀᴀᴛʀɪᴄᴇ. — Présentation de la naine la princesse Félicie.

Je n'ai jamais vu créature plus curieuse que cette petite et très-petite naine ; de l'aveu des spectateurs accourus jeudi dernier au cirque des Champs-Élysées, aucun être humain si petit n'avait été vu ; figurez-vous une petite poupée qui marche, vous sourit et vous salue ; voyez la trottiner sur ses petites jambes, et malgré toutes ces preuves, vous vous refuserez à croire à la réalité d'un tel phénomène.

J'ajouterai ici que l'administration du

cirque l'a montrée telle quelle, cette remarquable naine ; avec les artifices du costume et de la couleur des vêtements on aurait pu en apparence diminuer d'un bon tiers la hauteur de la princesse Félicie.

L'ESPRIT FOLLET.

17 juillet 1869.

La gravure représente d'une façon parfaite la « princesse Félicie. » Elle est sur une table, un éventail à la main ; une nombreuse société l'entoure et la considère avec une véritable admiration. En bas on lit :

Fidèle portraiture et véridique image de très-petite et très-minuscule princesse Félicie, reine des Myrmidons, duchesse de Lilliput, chevalière de l'oiseau-mouche, arrière-petite-nièce de Petit-Poucet, filleule de Titania, fiancée du roi des Puces,

fée, fœtus, filée et faite au tour. Son très-
humble et très-obéissant serviteur.

Stop.

« .... La princesse Félicie Poucette sans
courir d'autre danger que d'être em-
portée dans un étui de lorgnette, fait le
tour de la piste, trottinant de toute la vi-
tesse de ses jambes microscopiques sur
un rebord placé dans tout le parcours de
la balustrade. Rien de plus étonnant au
premier aspect que cette petite poupée
vivante et frétillante.

Laforêt.

L'INDÉPENDANCE DRAMATIQUE.

7 juillet 1869.

La princesse Félicie fait décidément merveille. Ses débuts au cirque de l'Impératrice sont le *great attraction* du moment. On sait que le samedi est le jour fashionable de cette salle; mais, samedi, l'empressement du monde était tel que les spectateurs des premières ont été forcés d'escalader les secondes et même les écuries, où on avait installé des rangs de chaises.

La princesse Félicie, dont les contes de fée sont indubitablement le royaume, doit avoir pour berceau quelque pantoufle de

Cendrillon ; quant à la beauté de son visage, nous laissons aux plus fines lorgnettes la possibilité de la découvrir.

En résumé, l'exhibition de cet infiniment petit être est fort intéressante, et nous engageons les curieux à ne pas manquer l'occasion qu'offre M. Dejean aux amateurs de rareté.

Louis de Lacipière.

LA CHRONIQUE.

Bruxelles, 9 janvier 1870.

« ... Le cirque Loisset a emprunté pour quelques jours au cirque de l'Impératrice de Paris, l'un des phénomènes les plus curieux de notre époque. La créature humaine, quasi microscopique que l'on a dénommée la *princesse Félicie*.

« La princesse Félicie est un enfant de près de sept ans, qui n'a pas plus de quarante centimètres de hauteur. Elle est bien conformée et serait jolie si elle n'avait pas le nez proéminent et busqué de la race atzèque. Cependant la princesse Félicie n'a rien de commun avec l'empire des caciques : c'est une citoyenne de l'empire français.

« Elle est vive, nerveuse, sautillante. — Son apparition dans l'arène a causé une impression de surprise dont il est d'ailleurs impossible de se défendre à l'aspect de cette mignonne poupée. On croit d'abord à une pièce mécanique. Il faut voir de près la princesse, lui parler, la toucher pour s'assurer que c'est bien une femme. Avis aux curieux des caprices de la nature.

PATRONAGE

DE S. A. LE PRINCE DE GALLES.

COPIE DU CERTIFICAT DÉLIVRÉ PAR

THE ROYAL POLYTECHNIC INSTITUTION

Londres, le 9 janvier 1870.

Félicie Fabry, la naine extraordinaire que l'impératrice des Français a daigné nommer « la princesse Félicie », née en septembre 1863 à la Ciotat près de Marseille; engagée, il y a huit mois, au cirque d'été et d'hiver à Paris; et présentée le 29 décembre par M. de la Fléchelle et M. Maurin au comité des directeurs du

« Royal Polythechnic London, » qui ont chargé leur président de donner le présent certificat constatant leur étonnement à la vue d'un phénomène si surprenant.

T^{as} Wm FOBIN
Secretary.

V^{cr} BARON ESQ.
Ciarman of the Institut.

Certifié sincère :

E. MAURIN.

Londres, le 14 janvier 1870.
458, Oxford street.

LES NAINS

Le mot *nain* est employé pour désigner l'extrême petitesse de la taille de l'espèce humaine.

Les Grecs désignaient sous le nom de Pygmées les habitants voisins des sources du Gange, dont la taille n'excédait pas la hauteur de trois palmes.

Les Lilliputiens et les Myrmidons, les peuples fourmis des poëtes peuvent être compris dans cette catégorie.

La stature de la plupart des nations polaires, Lapons, Groënlandais, Esquimaux, ne dépasse guère un mètre et demi; elle est souvent moindre. Cela tient au froid excessif de leurs rigoureuses régions. — Toutes les fibres se trouvent contractées par le froid.

La petitesse, quand elle n'est pas un fait extraordinaire de la nature, peut provenir du défaut de nourriture suffisante ou de toutes causes qui empêchent une complète croissance.

Elle tient souvent à un vice tel que celui du rachitisme et des scrofules, — ce que l'on remarque souvent dans la constitution des nains, — tantôt aussi à l'étroitesse des organes utérins qui ne permettent pas à l'embryon d'obtenir un accroissement normal.

La conformation des nains n'est pas proportionnée comme celle des hommes ordinaires. La plupart montrent une tête volumineuse, presque hydrocéphale, des membres tordus et rachitiques, un tronc souvent irrégulier, des jambes grêles.

En général les nains restent semblables aux autres enfants; ils ont leur tempérament, leurs habitudes, la même vivacité dans les mouvements.

Leur cerveau, quoique considérable, ne leur attribue pas plus d'intelligence; au contraire plusieurs sont stupides et somnolents, sujets au carus et même à l'apoplexie; car le sang se porte avec force dans cet organe.

La circulation reste rapide chez ces petits individus; ils sont pétulants, colériques, d'autant plus qu'ils se sentent faibles, en butte aux railleries et aux dédains du monde dont ils deviennent les jouets : aussi leur esprit se montre envieux, jaloux, inconstant.

Les nains sont vieux et cassés de bonne

heure, car leurs fonctions s'opèrent avec plus de rapidité. On a tenté de multiplier la race des nains, mais inutilement. Il y a des exemples de naines devenues mères, quoiqu'elles n'aient pas accouché sans péril.

Chez les anciens, c'était la mode parmi les riches d'entretenir des nains, plus ou moins difformes : plus ils étaient laids, plus ils étaient beaux.

Les Romains étaient fous des nains, parce que la nature les prodiguait fort peu.

Les dames romaines payaient fort cher de pareils serviteurs.

Domitien en fit combattre publiquement dans l'amphithéâtre contre des femmes, dont la beauté contrastait avec leurs traits monstreux.

Les nains ont servi de pages aux châtelains, de messagers d'amour aux chevaliers. Au son de leur cors les ponts-levis se sont abaissés.

Les nains conservèrent longtemps leur vogue à la cour de France. Les rois partagèrent leur faveur entre eux et leurs fous.

Charles Quint avait un nain qui s'appelait Corneille. Au tournoi donné à Bruxelles en 1545 il obtint le deuxième prix pour avoir été le premier sur les rangs et le plus galant.

Sous Henri II, il y avait un nain d'une petitesse extrême appelé « Grand-Jean. »

Un autre personnage fameux de la même espèce fut sir Geoffroy. Il naquit en 1619 et fut présenté à huit ans dans un pâté, par la duchesse de Buckingham, à la reine Henriette-Marie, femme de Charles Ier, roi d'Angleterre. A trente ans, il n'avait de hauteur que dix-huit pouces anglais.

Il finit par grandir et atteignit dans sa vieillesse la taille de trois pieds neuf pouces anglais.

Il tua en duel un Allemand qui s'était permis de le plaisanter et qui avait apporté pour arme une seringue.

Le combat eut lieu à cheval et au pistolet.

Sir Geoffroy fut enfermé, pour accusation politique, dans la prison de Westminster, où il mourut en 1682.

Le nain Borwilanski, Polonais d'origine, fut également célèbre, il écrivit ses mémoires lui-même et sa renommée fut européenne. Mais il grandit dans sa vieillesse.

Louis XIV supprima la charge du nain du roi.

Dans ces derniers temps, le prince et la princesse Colibri furent très-remarquables. Mais le plus universellement connu

fut le célèbre général Tom Pouce qui naquit en Amérique le 11 janvier 1832. Il
avait vingt-cinq pouces anglais de haut, la
tête forte proportionnellement au corps,
les cheveux blonds, médiocrement four-
nis, le front plus saillant que le nez, la
bouche petite et rieuse, l'œil radieux, les
jambes minces, les bras petits, les mains
fines et les pieds fins, la poitrine plus
épaisse que large, sa vie fut une longue
suite de triomphes.

CONCLUSION

Que dire de plus! engager nos lecteurs à aller visiter la princesse Félicie. Ils verront que nous sommes au-dessous de la vérité.

Félicie n'a rien en effet de la conformation des nains célèbres.

Elle est aussi bien faite et gentille de tournure qu'ils étaient contrefaits et difformes.

Son corps lilliputien est admirablement proportionné. La tête, le buste, les bras, les jambes, les mains, les pieds, sont des chefs-d'œuvre de miniature.

Félicie est la naine la plus petite et la plus extraordinaire que l'on ait vue jusqu'à ce jour.

Sa microscopique personne est une perfection. La médecine a été impuissante à expliquer un semblable phénomène.

Un docteur célèbre, après l'avoir examinée soigneusement, a dit qu'elle était admirablement conformée et qu'elle pourrait vivre longtemps.

Ce sera une bonne affaire pour les compagnies d'assurances.

11320 — Imp. gén. de Ch. Lahure, rue de Fleurus, 9, à Paris.